moses. Verlag GmbH
Arnoldstraße 13d, 47906 Kempen
Fon 0 21 52 - 20 98 50
Fax 0 21 52 - 20 98 60
Mail info@moses-verlag.de
www.moses-verlag.de

ISBN 978-3-89777-394-3



Text & Illustrationen: Armande Gerber
Layout, Typografie und Satz: Armande Gerber und pfiffikus.design
Übersetzung aus dem Französischen: Marina Mailleret
Herstellung: Jessica Stöhr
Lektorat: Anne Rummenie

Printed in Belgium

# Aufregung im Zoo

Text und Illustrationen von Armande Gerber

# Was ist denn im Zoo los?

Schon lange hast du dich auf diesen Tag gefreut, denn heute ist ein Besuch im Zoo angesagt. Aber kaum hast du den Eintritt bezahlt, rennt dich ein aufgeregter Zoowärter fast um! Die Lemuren sind pfiffige Tiere! Sie haben es geschafft, die Käfigtür zu öffnen, und sind ausgerissen. Du kannst dem Zoowärter dabei helfen, die Tiere wiederzufinden. Dazu musst du den Zoo mithilfe des Plans auf Seite 5 durchsuchen und die Menschen befragen, die dir dabei begegnen. Aber aufgepasst! Einige Lemuren haben sich unterwegs versteckt. Es sind acht. Wenn du genau hinsiehst, wirst du sie auf den Bildern entdecken.

# Die Lemuren

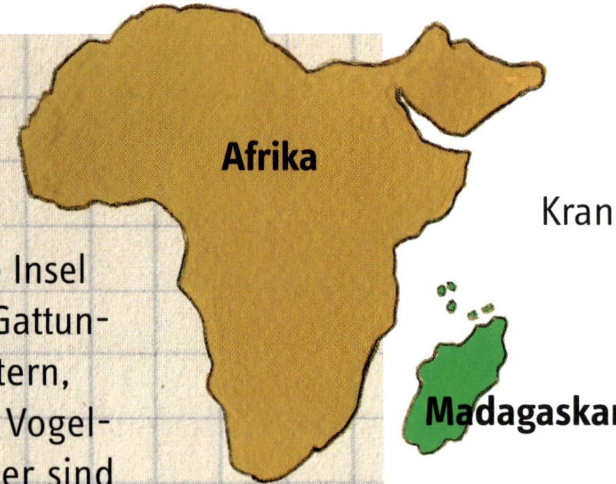


Die Lemuren zählen zu den *Primaten*.* Ihre Heimat ist die Insel Madagaskar. Sie kommen nur dort vor. Es gibt 60 bis 70 Gattungen und Arten von Lemuren. Sie ernähren sich von Blättern, Blüten und Früchten, manchmal auch von Insekten und Vogeleiern. Durch die Abholzung der Regenwälder sind einige Lemurenarten bereits ausgestorben, und die meisten anderen Arten sind stark gefährdet. Deshalb beteiligen sich viele Zoos an *Erhaltungszucht*-Programmen oder arbeiten mit der Regierung Madagaskars zusammen, damit der natürliche Lebensraum der Lemuren gerettet werden kann.

* Alle unterstrichenen Wörter werden auf Seite 47 erklärt.

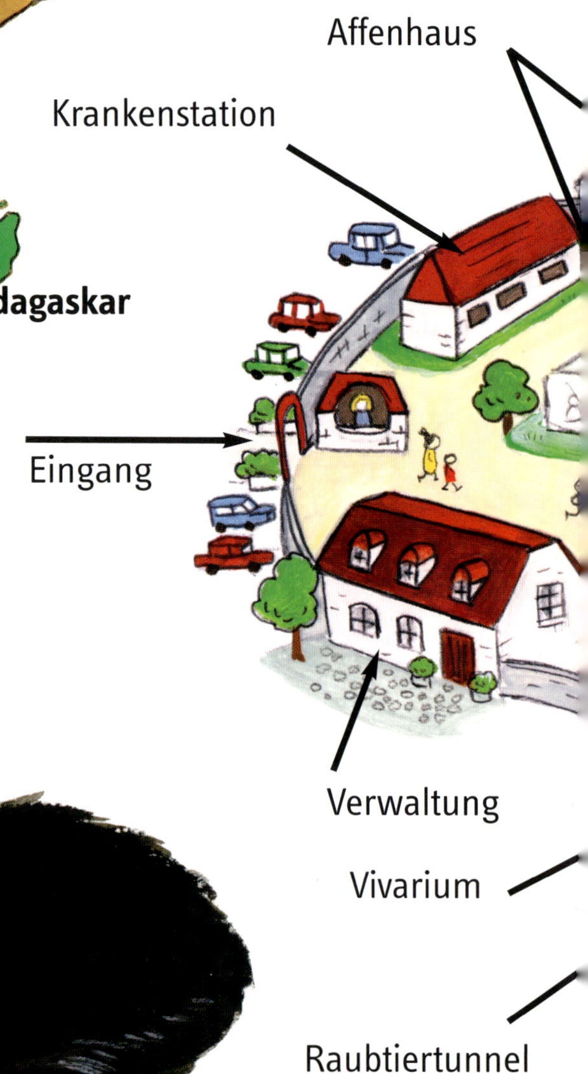

# Zooplan

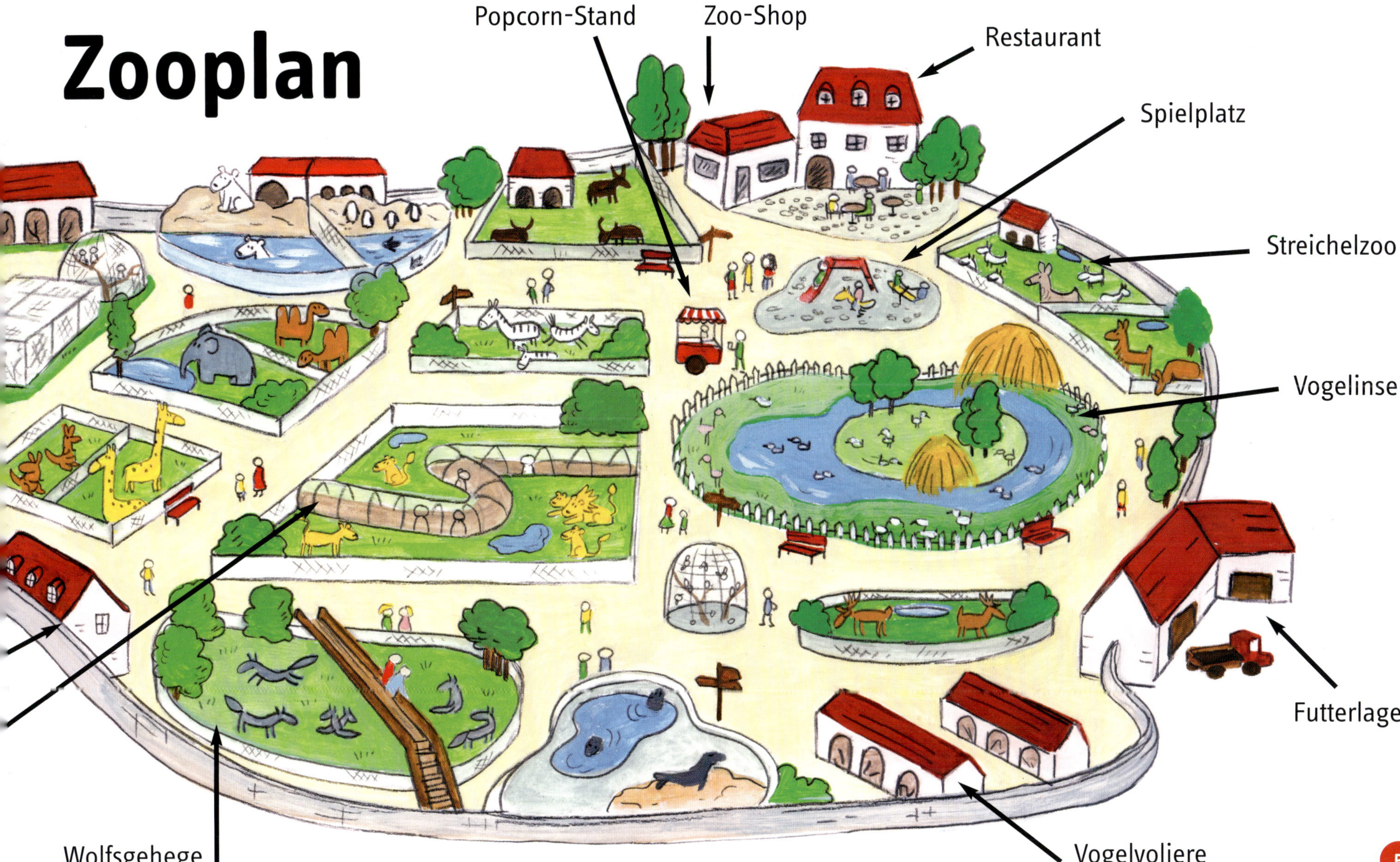
Popcorn-Stand
Zoo-Shop
Restaurant
Spielplatz
Streichelzoo
Vogelinsel
Futterlager
Vogelvoliere
Wolfsgehege

# Wem du im Zoo begegnen wirst

Die folgenden Personen arbeiten im Zoo.
Manche werden dir vielleicht wichtige Tipps geben können.

**Der Zoodirektor:** Clemens

Der Zoodirektor ist für die Verwaltung, die Finanzen und das Personal des Zoos verantwortlich. Mit Unterstützung seiner Mitarbeiter entscheidet er, welche Tierarten angeschafft werden und in welchen Bereichen der Zoo Forschungsarbeit betreibt.

**Die Tierärztin:** Ulrike

Die Hauptaufgabe der Zootierärztin ist die Gesundheitsvorsorge: Sie impft die Tiere und nimmt ihnen Blut ab. Aber natürlich behandelt sie auch Verletzungen und Bisswunden. Für jedes Tier führt sie eine Krankenakte. Wenn ein Tierbaby zur Welt kommt, trägt sie es in ein internationales Herkunftsregister ein.

**Die Zoologiestudentin:** Carolin

Carolin studiert Zoologie. Ihr Spezialgebiet ist die Verhaltensforschung. Sie untersucht das Verhalten von Tieren in der Gruppe, die Beziehungen zwischen einzelnen Tieren, ihre Spiele, Kämpfe, Jagdtechniken usw. Ihre Beobachtungen tragen viel dazu bei, das Leben von Tieren in Gefangenschaft zu verbessern.

**Die Zoopädagogin:** Christine

In den meisten Zoos gibt es auch eine pädagogische Abteilung. Ihre Mitarbeiter kümmern sich vor allem um Besuchergruppen. In der Zooschule erklären sie ihnen die Lebensbedingungen der Tiere und die Aufgaben eines Zoos. Außerdem organisieren sie viele interessante Veranstaltungen rund um Natur und Artenschutz.

**Der Zuchtkoordinator:** Theo

Die *Erhaltungszucht* gewinnt in zoologischen Gärten und Tierparks immer mehr an Bedeutung. Der Zuchtkoordinator führt das Zuchtbuch für die einzelnen Tierarten und koordiniert ihre Nachzucht in ganz Europa. So sollen *Inzucht* und Erbkrankheiten vermieden und die *genetische Vielfalt* gesichert werden. Wenn trotzdem Probleme auftreten, entscheidet er, was zu tun ist.

**Der Tierpfleger:** Marcel

Der Tierpfleger füttert die Tiere und säubert ihre Käfige und Gehege. Jeden Tag macht er sich zu den einzelnen Tieren Notizen in einem Buch. Sobald ihm irgendetwas Ungewöhnliches auffällt (Änderung des Verhaltens, Verletzung, Kämpfe), benachrichtigt er den Tierarzt.

**Die Verkäuferin:** Lilli

Im Shop kann man viele schöne Andenken an den Zoobesuch kaufen. Und wer beim vielen Schauen hungrig geworden ist, kann sich im Restaurant gleich nebenan stärken.

**Der Futtermeister:** Fabian

Der Futtermeister ist für die Futterbeschaffung und -lagerung zuständig. Er bereitet auch die *Rationen* der Tiere zu. Meistens werden die Zoos von den Supermärkten in der Umgebung kostenlos mit nicht verkauftem Obst, Gemüse und Fleisch beliefert. Bäckereien überlassen ihnen Brot. Fisch und Mineralfutter dagegen müssen die Zoos kaufen.

**Der Gärtner:** Andreas

In zoologischen Gärten und Tierparks können neben verschiedensten Tieren auch Pflanzen aus aller Welt bewundert werden. Die Grünanlagen innerhalb und außerhalb der Gehege werden von Landschaftsarchitekten entworfen. Für die Pflege dieser Anlagen sind die Gärtner zuständig.

**Die Kassiererin:** Katja

Die Mitarbeiterin an der Zookasse verkauft den Besuchern die Entrittskarten, händigt ihnen den Zooplan aus und gibt viele nützliche Tipps.

**Der Handwerker:** Peter

Im Zoo sind Tischler, Maurer und Schlosser mit dem Bau, der Reparatur und der Instandhaltung der Gebäude und Gehege beschäftigt. Besonders wichtig ist der Elektriker, weil die elektrischen Anlagen immer funktionieren müssen. Auf keinen Fall darf die Heizung ausfallen, denn sie ist für alle exotischen Tierarten lebenswichtig. Für den Fall, dass gefährliche Tiere entweichen, muss auch die Alarmanlage stets einsatzbereit sein.

# Die Kassiererin

Bevor du beginnst, die Lemuren zu suchen, gehst du noch einmal zum Eingang und befragst die Kassiererin Katja. Sie gibt dir einen genauen Plan des Zoos und rät dir, gleich zum Streichelzoo zu gehen: „Um diese Uhrzeit ist dort immer viel los. Die Kinder dürfen nämlich die Ziegen füttern. Vielleicht hat ja das Lachen der Kleinen die Lemuren angelockt."

# Der Direktor

Auf dem Weg begegnest du dem Zoodirektor. Er will die Ausreißer so schnell wie möglich wiederfinden und freut sich über deine Hilfe. Als du weitergehen willst, fällt dir ein Gegenstand auf, der aus dem Papierkorb herausragt. Was ist das?

Nimm dein Beweisstück mit und besuche als nächstes die Tierärztin.

# Der Gärtner

In einer Allee triffst du auf Andreas, der gerade eine Blumenrabatte anlegt. Als du ihn fragst, ob er vielleicht die Lemuren gesehen hat, antwortet er ganz erbost: „Die haben erst meine Beete verwüstet und sind dann zum Wolfsgehege geflüchtet!“ Verbinde die Punkte miteinander.

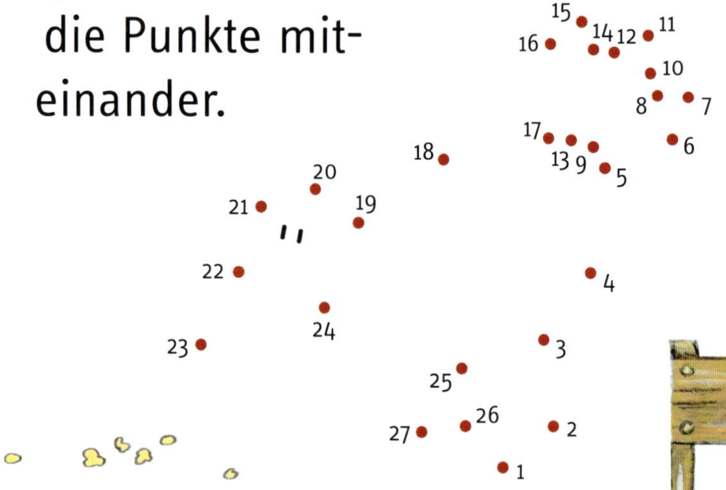

# Der Tierpfleger

Marcel füttert gerade die Gibbons. Er liebt seine Arbeit und erzählt dir, wie gern er sich vor allem um die *Primaten* kümmert. Begeistert berichtet er dir von dem Schimpansenbaby, das vor kurzem im Zoo geboren worden ist. Als du ihm sagst, dass die Lemuren ausgerissen sind, lacht er: „Die Lemuren sind schlau! Bestimmt sind sie beim Futtermeister und betteln um Leckereien!“

# Der Futtermeister

Du befolgst Marcels Rat und gehst zum Futterlager. Dort entlädt der Futtermeister Fabian gerade Heuballen und Trockenfutter für die Affen. Zu deiner großen Enttäuschung sind die  Lemuren nicht bei ihm vorbeigekommen. Du willst ihn nicht weiter bei der Arbeit stören und schaust dir den Zooplan noch einmal genau an. Du beschließt, dein Glück im Zoo-Shop zu versuchen.

# Die Zoopädagogin

An der Pinguinanlage triffst du Christine. Sie führt eine Schulklasse durch den Zoo und erzählt viel Wissenswertes über die einzelnen Tiere. Die Kinder finden es toll, dass sie die Patenschaft für ein Tier übernehmen können. Doch die Lemuren haben sie leider auch nicht gesehen. Enttäuscht setzt du deinen Weg fort und gehst zum Labor.

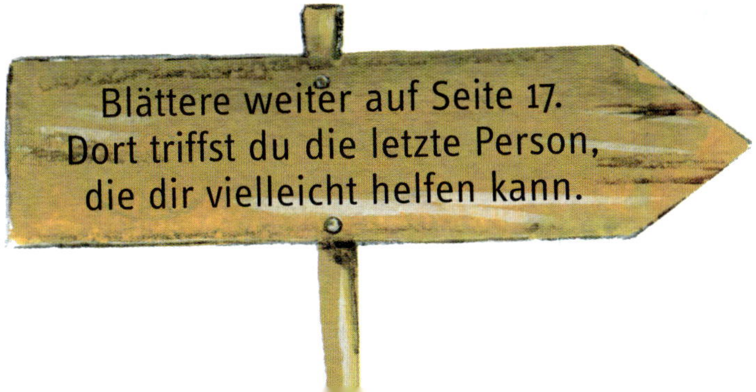

# Der Handwerker

Im Streichelzoo ist wirklich viel los. Aber von den Lemuren ist weit und breit nichts zu sehen! Der Handwerker Peter repariert gerade die Verriegelung des Ziegengitters. Auf deine Frage nach den Lemuren antwortet er dir: „Ich habe nichts Ungewöhnliches bemerkt. Aber vielleicht weiß Andreas, der Gärtner, etwas. Er ist doch den ganzen Tag draußen an seinen Blumenbeeten!“

Gehe zum Gärtner
auf Seite 12.

# Der Zuchtkoordinator

Im Labor studiert Theo die Antilopenherde des Zoos. Er erklärt dir, dass aus einem anderen Zoo ein männliches Tier geholt wird, damit sich die Herde vermehren kann. Auf deine Frage nach den Lemuren sagt Theo: „Ich habe mich gewundert, dass heute Morgen die Labortür offen stand. Sonst habe ich aber nichts Ungewöhnliches bemerkt."
Du willst gerade wieder gehen, als du in Theos Notizen ein Stück Stoff entdeckst.

# Die Zoologiestudentin

Vor dem Wolfsgehege triffst du auf die freundliche Zoologiestudentin Carolin. Sie berichtet dir von ihrer letzten Reise nach Kanada, wo sie ein Rudel frei lebender Wölfe beobachtet hat. Sie ist von ihrer Arbeit begeistert und erzählt dir viele spannende Einzelheiten. Zu den Lemuren kann sie dir aber leider keine Hinweise geben, und deshalb verabschiedest du dich von ihr.

# Die Verkäuferin

Im Zoo-Shop begrüßt dich Lilli. Als du ihr erzählst, dass die Lemuren ausgerissen sind, wundert sie sich sehr. Leider kann auch sie dir nicht weiterhelfen. Du kaufst ein paar Andenken und verabschiedest dich von Lilli. Doch als du gerade die Ladentür schließen willst, entdeckst du auf dem Boden einen Zettel mit einer verschlüsselten Botschaft.

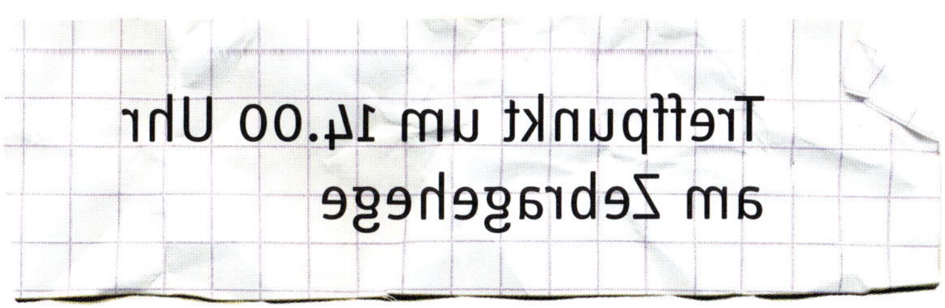


Um die Botschaft zu entschlüsseln, musst du sie vor einen Spiegel halten.

# Die Tierärztin

Die Tierärztin Ulrike behandelt gerade ein Löwenbaby, das sich beim Balgen mit seinen Geschwistern verletzt hat. Sie weiß auch nicht, wo sich die Lemuren versteckt haben könnten, und rät dir, den Tierpfleger Marcel zu fragen. Er verbringt viel Zeit mit den Lemuren und kennt sie gut.

# Weißt du nun, wo die Lemuren sind? Sind sie:

- im Restaurant?
- auf der Vogelinsel?
- auf dem Kinderspielplatz?
- am Popcorn-Stand?
- im Raubtiergehege?
- auf der Krankenstation?

Auflösung auf der nächsten Seite!

# Die Lösung des Rätsels

# Und die anderen Ausreißer?

**Hast du sie auch entdeckt?**

11

15

16

18

19

20

# Geschichte

**Zoologische Gärten und Tierparks sind keine Erfindung der Neuzeit. Tiere haben den Menschen schon immer fasziniert, und er legte bereits vor langer Zeit Tiergehege an, in denen er sie gut beobachten konnte.**

Um 1100 vor Christus besaß der chinesische Kaiser Wu-Wang einen Tierpark, in dem er viele exotische Tierarten hielt. Im 13. Jahrhundert besuchte Marco Polo auf seiner Reise durch die Mongolei die berühmte Menagerie des Khubilai Khan, und um 1500 war der Tierpark des Aztekenherrschers Moctezuma im heutigen Mexiko dafür bekannt, dass in ihm alle Tierarten Amerikas anzutreffen waren. Große Seefahrer und Entdecker wie Christoph Kolumbus und Vasco da Gama brachten in dieser Zeit Tiere aus aller Welt nach Europa, wo sie in den höfischen Menagerien bestaunt wurden. Diese Vorläufer der Zoologischen Gärten wurden zunächst nur für den Adel angelegt. Erst ab dem 19. Jahrhundert öffneten sie sich allmählich für das breite Publikum. Sie kamen so gut an, dass es heute in fast allen großen Städten einen Zoo gibt.

## Aufgaben eines Zoos

Zoos haben heutzutage viele verschiedene Aufgaben. Die Besucher können sich hier vom Alltag erholen und viel über die Tierwelt erfahren. Die zoopädagogischen Abteilungen bieten vor allem für Kinder interessante Aktivitäten an. Zu den wichtigsten Aufgaben eines Zoos zählt der Artenschutz. Deshalb beteiligen sich viele Zoos an *Erhaltungszucht*-Programmen. Außerdem bemühen sie sich in den Heimatländern von gefährdeten Tierarten um den Erhalt der Lebensräume. Auch für die Erforschung von Tieren spielen Zoos eine wichtige Rolle. Auf diesem Gebiet arbeiten sie mit anderen Zoos, Universitäten und wissenschaftlichen Einrichtungen zusammen.

# Fortpflanzung

**Bis vor nicht allzu langer Zeit wurden Tiere in der freien Wildbahn eingefangen und in die zoologischen Gärten und Tierparks gebracht. Das ist heute nicht mehr erlaubt.**

Deshalb werden die Tiere nun hier gezüchtet: Die Babys kommen im Zoo zur Welt. Damit sich eine Art vermehrt, tauschen oder leihen die Zoos untereinander Tiere aus. Bei manchen Arten (z. B. Raubkatzen, Affen, Vögeln und Hirschen) ist die Zucht sogar so erfolgreich, dass die Vermehrung gebremst werden muss. Ansonsten würde es in den Zoos zu voll werden!

Anderen Tieren, wie zum Beispiel Delfinen, Bären, Geparden, Elefanten und Rhinozerossen, fällt die Anpassung an das Leben in Gefangenschaft dagegen sehr schwer, und sie bekommen nur selten Nachwuchs. Um sich besser auf die besonderen Bedürfnisse dieser Arten einstellen zu können, spezialisieren sich die Zoos oft und fördern die Schaffung von *Tierreservaten.*

# ***Auswilderung***

Wenn es gelungen ist, eine vom Aussterben bedrohte Art durch Vermehrung im Zoo zu erhalten, kann man versuchen, die Tiere in der Wildnis freizulassen.

Doch die *Auswilderung* geretteter Arten ist nicht immer möglich. Nicht alle Tierarten kommen so selbstständig zur Welt wie zum Beispiel die Schildkröte, die schon als Baby weiß, was sie fressen kann. Viele Tierkinder müssen in der Wildnis lebenswichtige Dinge erst von ihren Eltern lernen (z. B. Raubtiere). Deshalb werden sie ganz allmählich an ihren natürlichen Lebensraum gewöhnt.

# Gesundheit der Tiere

**Die Arbeit eines Zootierarztes besteht vor allem darin, dafür zu sorgen, dass die Tiere gar nicht erst krank werden. Er kontrolliert die Ernährung der Tiere und die hygienischen Bedingungen in den Gehegen und Käfigen. Außerdem führt er Untersuchungen und Impfungen durch.**

Die Zootierärzte versuchen, die Tiere möglichst wenig zu stören, denn manchmal kann selbst eine einfache Routineuntersuchung schlimme Folgen haben. So kommt es vor, dass ein Tiger, der wegen einer Operation einige Stunden von seinen Artgenossen getrennt werden musste, danach von ihnen abgelehnt wird. Deshalb müssen die Tierärzte bei jedem Eingriff das *Sozialverhalten* der Tiere berücksichtigen. Manchmal ist es sinnvoller, eine Verletzung von selbst verheilen zu lassen oder die Medikamente ins Futter zu mischen, anstatt sie per Spritze zu verabreichen.

# Die Beschäftigungsdressur

Bei der Fütterung zeigen die Tiere manchmal Kunststücke. Für die Zuschauer ist das unterhaltsam, und die Tiere sind beschäftigt. Die Dressur hat aber noch einen anderen Zweck: Die Tiere lernen dabei, das Maul zu öffnen, eine Flosse anzuheben oder die Pranke zu geben. So gewöhnen sie sich an die Nähe des Menschen. Man kann sie im Krankheitsfall leichter untersuchen und ihnen eine womöglich riskante Betäubung ersparen.

# Die Ernährung

**Ein Elefant frisst täglich rund 5 Kilogramm Roggenmehl, 5 Kilogramm *Pellets*, 5 Kilogramm Möhren und 40 Kilogramm Heu. Dazu trinkt er etwa 100 Liter Wasser. Große Zoos benötigen also jeden Tag mehrere Tonnen Futter!**

Die Ernährung ist sehr wichtig, denn sie trägt wesentlich dazu bei, dass die Zoobewohner gesund bleiben. Deshalb müssen die *Rationen* streng eingehalten werden, und die Besucher dürfen die Tiere nicht füttern. Bei manchen Arten weiß man aber nicht genau, wie sie sich ernähren, weil sie in freier Wildbahn noch nicht ausreichend beobachtet wurden. Auch ist es oft nicht möglich, den Tieren das gleiche Futter wie in ihrem ursprünglichen Lebensraum zu verabreichen. Sie erhalten dann Ersatznahrung mit dem gleichen Nährwert.

# Einteilung nach Ernährung

**Fleischfresser**

**Pflanzenfresser**

**Fischfresser**

**Allesfresser**

**Insektenfresser**

# Das Vivarium

Die meisten Vivariums-Bewohner sind wechselwarme Tiere. Ihre Körpertemperatur hängt also von der Umgebungstemperatur ab. Zu kalte oder zu warme Temperaturen sind für sie lebensbedrohlich. Deshalb herrschen im Vivarium genau die gleichen Lebensbedingungen wie im ursprünglichen Lebensraum dieser Tiere. Vor allem die Luftfeuchtigkeit und die Temperatur werden streng überwacht.

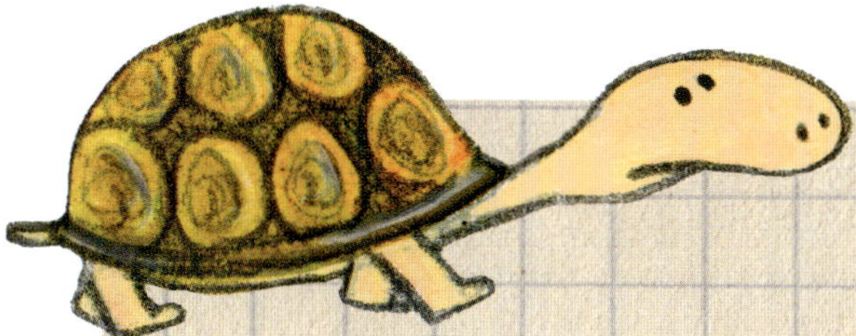

# ***Reptilien, Amphibien,* Spinnen**

Die im Vivarium lebenden Tiere sind sehr faszinierend. Viele dieser Arten sind vom Aussterben bedroht, weil sie illegal eingefangen oder ausgerottet werden. Auch schädliche Umwelteinflüsse wie Chemikalien und Krankheiten stellen eine Bedrohung dar. Deshalb führen viele Zoos mit Unterstützung von wissenschaftlichen Instituten *Erhaltungszucht-* und Forschungsprogramme für diese Tiere durch.

# Der Streichelzoo

Viele Städter haben Tiere noch nie aus der Nähe gesehen, geschweige denn angefasst. Deshalb gibt es in manchen Tierparks Streichelzoos, in denen die Besucher zum Beispiel Ziegen, Schafe und Esel füttern und streicheln können.

Das Lama stammt aus Südamerika, wo es lange eines der wenigen Haustiere war und Pferd, Rind und Schaf ersetzte.

## Haus- und Nutztiere

Genau wie viele Wildtierarten sind auch manche Haustiere vom Aussterben bedroht. Weil sie weniger produktiv sind als andere, betrachtet die Landwirtschaft sie als „nutzlos“. Deshalb bemühen sich die Zoos, auch diese Tierarten zu erhalten.

# Der Raubtiertunnel

In diesem Zoo gibt es im Raubtiergehege eine durchsichtige Röhre. Darin können die Besucher die Tiere völlig gefahrlos ganz aus der Nähe betrachten.

Natürlich werden die Raubtiere besonders gut bewacht. Ihr Gehege ist mit Alarmanlagen ausgestattet, und die Raubtierpfleger kommen mit den gefährlichen Tieren nie in direkten Kontakt.

# Die Raubkatzen

Wie die meisten Raubtiere sind auch die Raubkatzen vom Aussterben bedroht. Die Anzahl der Löwen hat sich in den letzten 20 Jahren halbiert. Glücklicherweise sind die Zuchtprogramme der Zoos sehr erfolgreich. Doch die *Auswilderung* von Raubkatzen ist schwierig. Ihr Lebensraum in der freien Wildbahn wird von Jahr zu Jahr kleiner, und die Bevölkerung dieser Gebiete ist dagegen, dass hier so gefährliche Nachbarn ausgesetzt werden.

# Die Freigehege

Huftiere passen sich sehr gut an das Leben im Zoo an. In ihren weitläufigen Freigehegen haben sie keine Feinde und können fressen, soviel sie wollen. Deshalb leben sie im Zoo auch viel länger als in der freien Wildbahn.

# Tiere, die der Zoo vor dem Aussterben gerettet hat

**Davidshirsch**
Dieser ursprünglich in Ostasien beheimatete Hirsch konnte nur dank der Haltung in Wildgehegen und Zoos überleben.

**Przewalski-Pferd**
1960 lebten nur noch wenige Vertreter dieses Urwildpferdes in zoologischen Gärten. Dank mehrerer Wiederansiedlungsprojekte ist das Przewalski-Pferd heute wieder in seinem ursprünglichen Verbreitungsgebiet in der Mongolei anzutreffen.

**Arabische Oryx**
Die letzten in freier Wildbahn lebenden Oryx-Antilopen wurden in der 2. Hälfte des 20. Jahrhunderts ausgerottet. Nach internationalen *Erhaltungszucht*-Programmen konnten sie in den letzten Jahren in mehreren arabischen Ländern mit Erfolg *ausgewildert* werden.

**Wisent**
Die letzten in Freiheit lebenden Wisente wurden Anfang des 20. Jahrhunderts ausgerottet. Dank der Aufzucht im Zoo konnte diese Wildrinderart in Polen wieder angesiedelt werden.

# Die Vogelvoliere

Im Gegensatz zu Fischen und Insekten, über die der Mensch letztlich nur sehr wenig weiß, gehören Vögel zu den am besten erforschten Tieren. Auch deshalb sind wohl die meisten Zoobewohner Vögel. Ihre Artenvielfalt ist überwältigend: Von Eule über Adler und Papagei bis hin zum Pinguin sind bisher etwa 10.000 Vogelarten bekannt. Im Zoo werden sie in Volieren gehalten oder in Anlagen, die ihrem Lebensraum nachempfunden sind.

Für manche Vogelarten werden Brutkästen gebaut, und ihr Nachwuchs wird mit Vogelattrappen aus Holz oder Leder gefüttert. Dadurch verbessern sich ihre Überlebenschancen.

## Vom Aussterben bedroht

Die meisten Greifvögel und Papageien sind vom Aussterben bedroht. Der Rückgang ihrer *Population* hat schwerwiegende Auswirkungen auf die Natur. Glücklicherweise ist die Nachzucht dieser Vögel in den Zoos kein Problem mehr, und manche werden in Gefangenschaft sogar sehr alt.

# Das Affenhaus

Eine der Hauptattraktionen im Zoo sind die Affen. Sie kommen vor allem aus Afrika (Paviane, Schimpansen, Gorillas), Asien (Makaken, Gibbons, Orang-Utans) und Mittel- und Südamerika (Kapuzineraffen, Brüllaffen, Wollaffen).

In der freien Wildbahn verbringen Affen zwei Drittel ihrer Zeit mit der Nahrungssuche. Damit sie sich im Zoo nicht langweilen, werden sie mehrmals täglich gefüttert. Außerdem verstecken die Tierpfleger das Futter im Affenhaus.

## Die Primaten

Die Primaten sind dem Menschen sehr ähnlich. Es gibt etwa 250 Primatenarten, zwei Drittel davon sind in großer Gefahr. Es wäre katastrophal, wenn sie aussterben würden. Manche passen sich sehr gut an das Leben im Zoo an. Andere Arten, die wie der Gorilla ein hoch entwickeltes *Sozialverhalten* haben, gewöhnen sich nur schwer an das Leben in Gefangenschaft. Deshalb muss ihr natürlicher Lebensraum unbedingt gerettet werden.

# Die Tiergartenbrücke

In diesem Zoo gibt es eine Brücke, von der aus die Besucher das Treiben im Wolfsgehege besonders gut beobachten können.

# Illegaler Tierhandel

Der illegale Handel mit Wildtieren ist leider weit verbreitet, denn er bringt denen, die ihn betreiben, viel Geld ein. Um ihm entgegenzuwirken, wird in zoologischen Gärten und Tierparks über alle Tiere genau Buch geführt, sie werden in internationale Register eingetragen, und man kann ihre Herkunft über mehrere Generationen zurückverfolgen.

# Die Vogelinsel

Auf der Vogelinsel im Zoo sind viele verschiedene Vogelarten angesiedelt. Auch Zugvögel und einheimische Vogelarten kommen hierher, um zu nisten, zu fressen oder ganz einfach zu rasten. Vogelschutzvereine nutzen die Insel für Zählungen und Forschungsprojekte.

# Schwierige Wörter:

**Amphibien (Lurche):** Tiere, die im Wasser und auf dem Land leben können, z. B. Frösche, Salamander

**Auswilderung:** Gewöhnung von in Gefangenschaft aufgezogenen Tieren an das Leben in der freien Wildbahn

**Erhaltungszucht:** Zucht gefährdeter Tierarten mit dem Ziel, sie vor dem Aussterben zu retten

**Genetische Vielfalt:** Vielfalt der Erbanlagen; eine Voraussetzung für den Fortbestand wildlebender Arten

**Inzucht:** Fortpflanzung unter nahe verwandten Individuen (kann zu Schäden führen)

**Pellets:** energie- und eiweißreiches Kraftfutter

**Population:** alle Angehörigen einer Art in einem bestimmten Gebiet

**Primaten:** Gruppe von Säugetieren, zu denen Halbaffen, Affen und der Mensch gerechnet werden

**Ration:** zugeteilte Futtermenge

**Reptilien (Kriechtiere):** wechselwarme Wirbeltiere, z. B. Schildkröten, Schlangen

**Sozialverhalten:** das Verhalten von Menschen und Tieren in der Gruppe

**Tierreservat:** Schutzgebiet

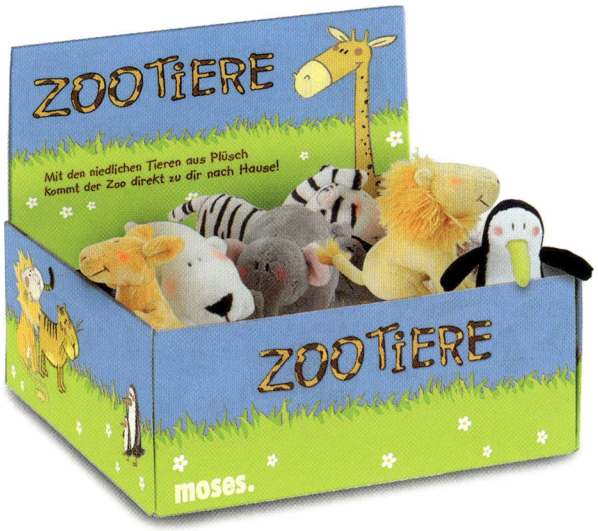


Passend zum Buch „Aufregung im Zoo" gibt es die süßen Figuren von Armande Gerber als Fingerpüppchen und als Plüschtiere.

**Zootiere**
€ 3,95* / Stück
Art.- Nr.: 37829

* unverbindl. Preisempfehlung

**Zootiere Fingerpüppchen**
€ 2,95* / Stück
Art.- Nr.: 37828

Ebenfalls von Armande Gerber im moses. Verlag erschienen:

**Aufregung in der Oper**
Skandal in der Oper! Jemand hat das Maskottchen der Diva gestohlen und deshalb kann sie jetzt unmöglich auftreten. Wer ist der Dieb? War es der Regisseur, die Inspizientin, der Dirigent oder vielleicht der Schnürmeister? Bei diesem kniffligen Kriminalfall wirst du selbst zum Detektiv, erkundest die ganze Oper und lernst die Menschen kennen, die dort arbeiten. Außerdem erwarten dich jede Menge spannende Informationen über die schönsten Opern, berühmte Komponisten oder die wichtigsten Opernhäuser.

Ab 6 Jahre, 48 Seiten, Halbleineneinband, ISBN 978-3-89777-357-8
€ 12,95 (D), € 13,40 (A), SFr 23,90